**Mesmos barcos ou
poemas de revisitação do corpo**

VOZES DA ÁFRICA

SANGARE OKAPI

mesmos barcos ou poemas de revisitação do corpo

kapulana

São Paulo
2017

Copyright© 2007 Associação dos Escritores Moçambicanos - AEMO
Copyright© 2017 Editora Kapulana Ltda.
Copyright do texto© 2017 Sangare Okapi

A editora optou por manter a grafia original do texto, com nota final sobre o Acordo Ortográfico da Língua Portuguesa de 1990.

Coordenação editorial: Bruna Pinheiro Barros
Projeto gráfico e capa: Amanda de Azevedo
Ilustrações: Amanda de Azevedo

Dados Internacionais de Catalogação na Publicação (CIP)
(Câmara Brasileira do Livro, SP, Brasil)

Okapi, Sangare
  Mesmos barcos ou poemas de revisitação do corpo / Sangare Okapi. -- 1. ed. -- São Paulo: Editora Kapulana, 2017. -- (Vozes da África)

  ISBN: 978-85-68846-23-0

  1. Literatura africana 2. Poesia moçambicana I. Título II. Série.

17-02937   CDD-869.1

Índices para catálogo sistemático:
1. Poesia: Literatura moçambicana   869.1

2017

Reprodução proibida (Lei 9.610/98).
Todos os direitos desta edição reservados à Editora Kapulana Ltda.
Rua Henrique Schaumann, 414, 3º andar, CEP 05413-010, São Paulo, SP, Brasil.
editora@kapulana.com.br – www.kapulana.com.br

Apresentação   **07**

O legado índico da poesia moçambicana (2017)
por Carmen Lucia Tindó Ribeiro Secco   **09**

Mesmos barcos ou
poemas de revisitação do corpo   13

*Esboço de um itinerário para uma navegação
nos barcos de Sangare Okapi* (2007)
por Lucílio Manjate   **67**

Vida e obra do autor   **71**

Apresentação

A Editora Kapulana traz ao Brasil a obra *Mesmos barcos ou poemas de revisitação do corpo*, do poeta moçambicano SANGARE OKAPI.

Sangare Okapi chegou a nós pelas mãos de Ungulani Ba Ka Khosa, secretário-geral da AEMO (Associação dos Escritores Moçambicanos), também autor de livros da Editora Kapulana. A presença do escritor e professor Sangare vem sempre acompanhada de luzes e música. Seus passos, seus gestos, sua voz transmitem emoções de variados tons e cores.

O poeta transporta-nos no tempo e no espaço para o universo moçambicano – por terras, mar, rios, ilhas – em que seres navegam, remam, caminham e voam em movimentos incessantes por lugares incríveis com palmeiras e ventres, mariscos e antílopes, garças e redes a nos envolverem com graça e música.

Temos a honra de apresentar ao leitor brasileiro o poeta moçambicano Sangare Okapi que o levará ao encontro do Oceano Índico, dos rios Zambeze e Incomáti, da dança de Mapiko, da música de Fany Mpfumo e a lugares como Mossuril, Mueda e Mafalala.

A Kapulana agradece a Sangare Okapi por nos oferecer obra tão encantadora; a Ungulani Ba Ka Khosa, por nos apresentar o autor e confiar em nossa casa editorial; à profa. Carmen Lucia Tindó Secco que nos presenteia com o prefácio "O legado índico da poesia moçambicana", e a Amanda de Azevedo que tão sensivelmente ilustra o magnífico *Mesmos barcos ou poemas de revisitação do corpo*.

São Paulo, 04 de março de 2017.

O legado índico da poesia moçambicana

CARMEN LUCIA TINDÓ SECCO
Professora Titular de Literaturas Africanas de Língua Portuguesa da UFRJ (Universidade Federal do Rio de Janeiro), ensaísta e pesquisadora do CNPq (Conselho Nacional de Desenvolvimento Científico e Tecnológico) e da FAPERJ (Fundação de Amparo à Pesquisa do Estado do Rio de Janeiro)

Pertencente a uma geração de poetas mais recentes, Sangare Okapi é uma das vozes poéticas que vem se destacando no panorama da poesia dos anos 2000 em Moçambique. Vencedor de prêmios – entre os quais: Revelação FUNDAC Rui de Noronha (2002); Revelação de Poesia AEMO/ICA (2005); Menção Honrosa no Prémio José Craveirinha de Literatura (2008) –, apresenta uma obra poética não muito extensa, mas de reconhecida qualidade estética. Em Moçambique, publicou: *Inventário de angústias ou apoteose do nada.* Maputo: Associação dos Escritores Moçambicanos, 2005; *Mesmos barcos ou poemas de revisitação do corpo.* Maputo: Associação dos Escritores Moçambicanos, 2007; *Era uma vez...* Maputo: Associação dos Escritores Moçambicanos, 2009 (coautor); *Mafonematográfico também Círculo Abstracto.* Maputo: Alcance, 2011; *Antologia inédita – Outras vozes de Moçambique.* Maputo: Alcance, 2014. No Brasil, em 2007, teve poemas publicados na Revista *Poesia Sempre,* n. 23, da Biblioteca Nacional.

Sangare é um poeta de barcos, viagens e corpos de mulheres e ilhas. Barcos-viagem, travessia, corpo-imaginação, água da poesia.

[...] Como um barco, sem porto, eriça a sensível vela do corpo e, frágil, o coração nos sirva de bússola:

os remos dispensa,
temos as mãos
para a navegação.

(OKAPI, p. 57.)

No livro *Mesmos barcos ou poemas de revisitação do corpo*, o eu-lírico navega em pólens femininos, adormece em ventre de pescadores, descansa em paradisíacas ilhas, geografia incomensurável de sal, sol, peixes e mulheres-kiandas. "Peregrino das redes, os barcos contemplo" – declara o poeta, cuja escrita singra os caminhos índicos da poesia e das artes em Moçambique. Dialoga com a pintura de Gemuce, pintor da Ilha de Moçambique. Busca vozes poéticas anteriores que também cantaram essa Ilha e as integra em sua poesia, revelando seduções e encantamentos: Campos de Oliveira, Virgílio de Lemos, Rui Knopfli, Heliodoro Baptista, entre outros, cujo legado poético absorveu e recriou nas malhas de sua poesia.

Mesmos barcos se organiza em três partes. A primeira celebra diversos poetas moçambicanos. A segunda, intitulada "Mesmos Barcos", com poemas, cuja forma se aproxima à da prosa, faz uma clara alusão a dois importantes poetas moçambicanos: Luís Carlos Patraquim e Eduardo White. A terceira, denominada "O Barco Encalhado", é formada por um único poema, cujo título coincide com o desta parte, constituindo um tributo a Campos Oliveira, o primeiro poeta de Moçambique.

Okapi inicia a viagem poética que faz emergirem, do fundo da memória, vozes líricas do Índico e da Ilha de Moçambique, a "Ilha Dourada", de Rui Knopfli, autor de *A Ilha de Próspero*, mítica ilha, cuja magia inspirou tantos poetas. "Língua: ilha ou corpo?", poema ofertado a Virgílio de Lemos, faz referências a esse poeta, cuja obra poética sempre refletiu sobre o corpo e o erotismo da linguagem.

Nos livros de Sangare, misturam-se assombros, angústias, amores. A escrita de Okapi é uma viagem interminável por uma literatura erótica e intertextual, ou seja, pela memória e pela linguagem, uma vez que o eu-lírico percorre o sistema literário moçambicano, recuperando poetas do Índico. A voz lírica enunciadora dos poemas de Okapi se comporta como um Ulisses não de Ítaca, mas de afrodisíacas ilhas do norte de Moçambique, cercadas pelo salgado mar do Oriente.

O sujeito poético expressa uma relação erótica com a própria poesia. O corpo poético se torna barco "que lança redes que são letras", criando uma escrita lírica que ilumina histórias antigas daquelas ilhas, captando sensações amorosas que apreendem cenas do outrora.

Mesmos barcos estremece passados, presentes, insularidades, tenebrosos mares ultrajados, ilhas revisitadas.

A poética de Sangare Okapi presta, assim, homenagem a grandes poetas anteriores: Craveirinha e Patraquim, registrando a relevância desses mais velhos poetas para a poesia moçambicana contemporânea.

Sangare Okapi precisa ser mais lido e conhecido no Brasil. A publicação de *Mesmos barcos ou poemas de revisitação do corpo* pela Editora Kapulana possibilita esse conhecimento, esse encontro com mais um poeta do Índico, com suas paisagens, gentes. Brindemos, pois, essa importante publicação!

Rio de Janeiro, 19 de fevereiro de 2017.

À Aglo,
garça!

"O primeiro passo nas ilhas é definitivo e irrevogável, marca-nos para o resto da vida o corpo em viagem"

Maria Orrico. *Terra de Lídia*.

PÓRTICO

"(...) Este foi um projecto de coração. Em terra de cardos culturais, e por isso sem nenhuma ajuda, tive que despir a camisa para levar as coisas para frente. Alguma colaboração chegou-me tarde. Esses (e outros) pequenos obstáculos atrasaram um pouco a saída do livrinho. Aqui está. Vem de muito longe, como vês. Do tempo duma luz muito branca que me deixava um esplêndido trilho de sombras nos calções, uma indescritível saudade, a mornaça e as instâncias dum mundo cheio de água e uma grande, infinita, canção do mar."

Eduardo Bettencourt Pinto. *Os nove rumores do mar: antologia da poesia açoriana contemporânea.*

Amêijoa minha nocturna
tua é a cápsula aberta,
como na flor apta a corola
para a acepção do pólen.

Para além de outro plâncton,
inacreditável é o conclusivo molde
puro e vegetal da flor que te cresço,
mulher,
        milenar açafrão que o ventre
        acaricio!   Sumaúma pele,
a
    b
        a
          i
            x
              o
                  ventre que na hora
                  convoca no poema.

Acredita... Daqui, onde contigo sangro, frui o poema,

a melancolia! É o mote na glosa quotidiana, com o sol
morte na rota em que não adormeço sobre o litoral
e no habitual cansaço dos barcos o passo hesito.   Ó!
Anulado vocativo de redes no ventre dos pescadores...

É como se outras portas de ti abrisse.

           Imito o pangaio no peito
como um sátrapa em tua ilha
algumas pimentas podres afastasse,
furto o beijo para outros continentes.

Um tropel dos teus cabelos soltos frequenta o campanário,
precipitada iniciação, vertigem inscrita na geografia do vento...

Oh, meu abstracto barco ausente de anzóis costurando o céu de
                                                                                                               garças!

Mesmo assim, te reergo a sal e passo todos os nomes,   cujas
naus mil deuses grego-orientais nossos costumes elevam,   como
não há entre mim e ti comum acordo se ricto ou rito o que o
mar
                                                                                  com bom ar nos dá
sustento.

Bêbado de sal e sol. Absorto, como uma vela amarrada ao vento,
tropeço nos cacos rubis que das índias sobram no chão e
vazio de mar e búzios na garganta
                alguma canção   mo
                                                nó
                                                           to
                                                                                   na   reinvento
de longe.   Peregrino das redes os barcos contemplo,
entontecido pelo cheiro nauseabundo do peixe esfumado,
que se levanta pelo litoral.

Vontade de mar na língua,
                argila,
                        ilha...

                      Nu e vazio regresso pelo túnel da memória
(alguma rede ou algum anzol do chão cavado)! Que recordações
                                      para o
futuro!...
Ancorado na distância, agora acredito que só o tempo é Allah,
o grande...
        Oh! Aqui não há cais que aporte este caos de viver sempre
        na nostalgia!

T. Amizade

...e é um riquexó de garças se arrastando pelo largo da
praça.
        As mãos que no suor se lavam
                        cortando o ar marítimo.

Como um pangaio órfão de destino, perde-se rua
                            b
                              a
                                i
                                  x
                                    o

Fortaleza
> *Para G.S.*

Tijolo cremado
        de sol

        vem o vento
com sal

ao mar
dizer baixinho
        poesia,

concha que na noite
        sentinela jaz
com baluartes,
  ameaçando o luar.

Insular

*Para Maria João Hunguana
         e Sandra Salete.*

Transpiro nos dedos
   simples materiais
            de carne

para a navegação

Mar   azul,
branco é o papel
sem a margem
do teu busto

Lanço as redes,
que são as letras,

no arremesso
do papel a cabeceira
                começo.

Transporto outro poema
para o oriente do corpo.

Barcos

Com o mar
chegam os barcos
            perto;

com eles, teu corpo,
           porto
para todos os partos.
....

       Ó a brisa
que o sol agora abrasa
no coração faz aperto
    e   sinto-te inteira,

toda
       e
               nua,
cintura
            b
                 a
                      i
                         x
                             o desaguar.

Língua: ilha ou corpo?

Para V.L. com o mar.

A língua
é o pão que fermento
os dias todos.

Com ela (re)invento,
meço outros ângulos
        do sentimento.

Sílaba
   a sílaba,

rebusco outro sentimento,
alguma coisa
        adjacente
e a emoção que não míngua,

por isso, nela.

Eis o que sou: ilha
     ou corpo cercado
        de gente
por todos os lados.

S. Paulo

Eis o que nos fica
como sombra... ó, ilha!
Eis o que nos resta
como penumbra, ruína.
Alguma estória,   mito.
Eis o que me dói, rasto!

Prisão de Água

O mar
        é minha
                prisão,
mas nele tudo é canção.

Voz de prisão
> *Revisitando Manuel Ferreira.*

A minha voz
é uma prisão
de aves.

      Vós,
que em mim tendes a canção,
    livrai-me desta solidão
              do mar,
que me reduz a quilha!

            oh sem ser
flagelado de algum vento leste

vontade de partir
      partir de vontade

Mossuril

mínima elegia ao R.K.

Fechada
        toda de agrura,

alguma
        amargura
em si trancada,

todo o amor
                e mar

é sal e lágrima
no poema.

Baía

Como coxas abertas,

chegam todas as vogais
                    abertas

            ao ouvido.

Voz menos recuada
e plural
            dos pescadores,

   que frequentam a baía
(os dias todos de demora).

Barcarola

O teu corpo é mar,
             se amar
  para mim é errar
a vida toda procurar
            alguém
que procura também
        outro alguém.

        (...)

Oh, índicas águias,
    que vão e vem;
Vem e vão
   os dias todos,
(sem nada me revelar)

Oh, índicas águas,
    que vão e vem;
Vem e vão
   os dias todos,
(sem nada me revelar)

— minha amada não viram?

A luz solar dos teus olhos líquidos   chega-me suave e
suada pela vidraça da fortaleza e a tua voz, que é música,
se erguendo no ar,
            salgada e nua sinto-te no litoral da língua
e   nenhuma garça agarrada ao estendal do vento
me ensina o poema.
Sou agora a música,   o poema,   a garça sem graça
no falso relógio da demora.

Vulva uva

Ao Guita Jr.,
a pretexto de Vilankhulo by Night

Nenhum som me é oco.

Todo o fonema
        nele contido
sabe a coco,
lanho, que no escroto se
faz sura.

Ó, minha vulva uva,
no ângulo da noite!

Uma estória antiga no tempo se dilui.   Inimiga
com as chalupas se afunda   e
   somos nós a dor fecunda.
Nenhuma alegria trazida das redes nos consola.

Oh! No mar nossas vozes seu templo constroem.

Cardume de beijos

Teu corpo tem litoral
        e mangal

A brisa, que
        da boca escapa
alguma linguagem
marinha
      e
      oral, me devolve
o cardume de beijos.

(Ofensiva)

Ao Dique, hosi.

Caciquismo! As palavras intumescem no palato,
moçambicano ronga[1], no poema à mulala[2], explodindo
vermelho, até à cintura líquida do nKomati[3].
Onde o hipopótamo? O canho? O ritual?
Nenhum jacaré hoje no rio, a canoa afunda?
Oblíquo um cajueiro impotente verga para o poente
e de súbito, pervagante como um vaga-lume prostituído,
um farol do céu em Fevereiro
nos alumia.   Ofensiva,   a vergonha em Maputo.

---

1 ronga: grupo linguístico do sul de Moçambique.
2 mulala: raiz de arbusto para limpar os dentes e que deixa os lábios e a boca avermelhados.
3 nKomati, Nkomáti, Incomáti: rio do sul de Moçambique.

Mar íntimo

Para Adélia, mar(ia) e amor.

Quero aprender
o oceano inteiro
e seus mariscos;

o litro sabor a sal
      que sabe
      e não sabe.

Uma questão hidrocorpográfica

Para F.C., esta Monódia.

De súbito, a hemorragia das palmeiras
na repetição natural
        dos líquidos,   vermelho
a corar o canal;   cor licor
do sangue sobre o azul trajecto do lençol.

Para que solo, sul cresce o Zambeze (!?!)

Evocação à filha de Thandi

Para Heliodoro Baptista, POETA.

Primeiro,   há no poema a coreografia dos teus passos,
              pássaro que o vento os cabelos esvoaçou.
No silêncio, presas as mãos que são pás do re(no)voo!
                (Para que céu esta dança nos projecta?)
Que orquestração solar, ó Homem velho de deus!...
Talvez   hoje Fany Mpfumo reconstrua ninhos do teu
busto de deusa nos eucaliptos do Desportivo
        ou deflagre a erosão, a marginal do afecto.

Moçambicano pássaro que o vento nosso cabelo levou!..

Depois da elegia amarga ao Benjamim Maloise

Para G.K., poeta Moçambican(t)o.

Reescrevo, em Outubro,
        "ave tatuada num ermo rochoso de terra"
(mínima metáfora ou) uputsu[4] que se pretende a sol ordálio.
Para que solo os lobos? Oh, uivo mudo! Que breve pauta
para compor este silêncio de Maio com satanhocos[5]?
Que m'Saho[6]? Só tu, poeta adormecido,
        musgo não ressequido no ventre da pátria exilado!...

Connosco,   idiófono, uma mbila[7] para todo o idiomático.

---

4   uputsu: bebida tradicional fermentada, produzida com farinha de milho cozida e mexoeira germinada e pilada.
5   satanhocos: diabo, demônio.
6   m'Saho (msaho): espetáculo musical acompanhado de canto e do instrumento musical mbila.
7   mbila (pl.: timbila) : instrumento musical de percussão moçambicano feito com placas de madeira e cascas de frutos (cabaça) e tocado com baquetas.

Várias acções de mapiko[8]

Como se ocre evola-se o hálito seco do planalto.   Célere,
          sob um tecto azul,   limpo, aberto de sol crepuscular.
Improvisa-se o trapézio para a dança;   itinerário da cinza
          no continente vazio dos ventres dissolvidos no lume da tarde,
madeiramento de seios no peito reduzidos. Mueda[9]! Útero fértil,
reflexo primeiro no limiar de tudo o que de nós,   makondes[10],
          os deuses em transe efusivamente pedem.

Mas, desespero,   as vivalmas! Incansavelmente não podem.

---

8   mapiko: dança folclórica, executada por bailarinos mascarados imitando tipos humanos, e acompanhada por muitos tambores.
9   Mueda: distrito da província de Cabo Delgado, em Moçambique.
10   makonde: pertencente ao grupo étnico bantu da região de Cabo Delgado, nordeste de Moçambique e sul da Tanzânia.

Matéria irrefutável na íris,   resto de rasto a remo conquistado.

Alguma estória arroto, razão aduzida na rota dos escravos,
o mesmo cravo ou açafrão para todo o fado.
Esta frequência do sal, mil fendas em Agosto, como maçaricos
de indeterminado futuro, ver tatuar sobre as paredes abertas
dos edifícios:
                mínima metáfora da tatuagem no corpo d'água.

Já nem o mar tenebroso te dá algum alento secular,
outro gesto que do oriente foi cúmplice?!?

Bazar grande

Por que me olhas assim, diferente, igual no que temos?

Manuelino! Sabre de missangas e capulanas rasgadas!
Ao meio da praça, insurrectas peças do pecado somos,
cuja amálgama nossa raça o enfado legou.
Aqui eis o que passamos, inúteis objectos de sol e poeira
encardidos
           com bancas repletas do que nos é favor e de nós sempre
litoral.
Todavia, permanecemos! Se falhamos, a fome tem em nós o seu antro.

           Oh! Por Allah virá um dia maior e em nossos casebres
um pirilampo nos sirva de candeeiro,   mínima consolação,

pois mais difícil é iscar um freguês no bazar
que no mar pescar o peixe grande!

Patraquimmiana

Para J.C.

"Longe embora cidade paráclita
a língua se nos cola ao céu da boca
se vier o olvido."

Fonseca Amaral. *Exílio.*

Não sei com que estranha miragem. Confesso.
Meu lírico cartomante das noitadas pela Mafalala[11]!
Sim, agora que o medo já não puxa lustro na cidade. Velho Zé,
livre e limpo da morte, regressas pelos carris da memória,
mãos aninhadas nos bolsos rotos. A mesma cartola preta,
amarrada ao vento e um pássaro que já não cabe no verso
preso no nembo da língua, desmentem o teu estatuto
de cidadão do futuro e regressas, velho Zé!
Nenhuma epopeia trazida dos escombros se levanta do rosto,
nenhuma elegia brota do coração, nenhuma!
E regressas, velho Zé, poeta em todas as latitudes!...

---

11 Mafalala: um dos bairros do subúrbio da cidade de Maputo, capital de Moçambique.

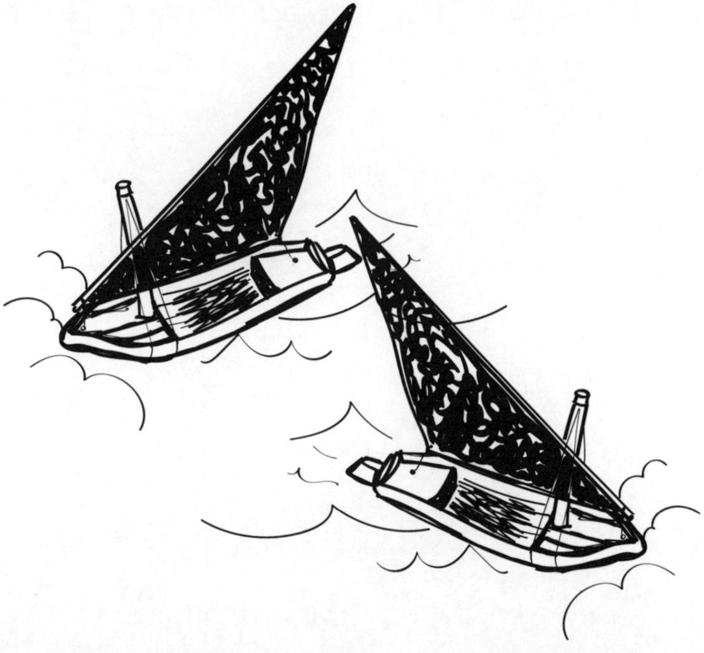

2. Mesmos Barcos

Serão barcos? Serão marcos?
Se calhar são só promessas...
E se fossem mesmo barcos?
Vaguear e coisas dessas?

Eugénio Lisboa. *Matéria intensa*.

Não sei que manifesta sensação se me apodera, agora. Falta o fogo que queima. O lume que aquece. O calor. Contudo, gosto desta forma natural da água à nossa volta, ver crescer até tarde. De outra forma, não poderia viver. Por isso, reinvento-te no meu poema como em Gizé, o antílope na argila. E não me canso. Repito, apenas: esquece o tempo. O tempo. A razão. Apaga a cicatriz na epiderme e um escorpião com os dentes esmaga. Leva na boca, ensanguentada, uma alga verde, verde o sonho da criança que não sonhou para viver. Como um barco, sem porto, eriça a sensível vela do corpo e, frágil, o coração nos sirva de bússola:

os remos dispensa,
temos as mãos
para a navegação.

Como saberia? Se entre mim e ti há uma ponte antiga que nos deflagra o desejo, a irreprimível geografia do afecto, a dócil vertigem do beijo. É, pois, nela, que mora uma vontade indescritível de canelas apedrejadas se abrindo, tímida e repetidamente, para o sol todos os dias. De certo, nelas, mora um suplício, uma vã condição de que nem corpo se pode desenhar no ar. É nisso que sou pequeno todas as tardes, quando o mesmo sol, fadigado em meu peito, encontra poente:

há um pequeno país
no meu país:
chama-se angústia.

Hoje, quase que instintiva e furtivamente, revisito-te. Exposta silhueta de mulher, na textura índica, esperando o tempo. Em Mossuril[12], preso, o marisco na rede. Posso, agora, sem receio algum, vociferar no poema: amo-te! Amo-te as curvas, não sei que perigo ou mistério, a serena música das dunas no peito, romaria em alguma boca explodindo, ou então, a alga na bexiga se multiplicando. Olha a água, agora à nossa volta! A vertigem!?! Em ti, barco sem destino, nu me acoito inteiro e,

se remar-te é engano,
provável é agora
rimarmo-nos.

---

12   Mossuril: distrito da província de Nampula, em Moçambique.

Sei que és barco e marco em simultâneo. Tu, que me olhas indiferente, e sofres por dentro: fêmea propensa, de urni[13] e saris[14] no útero do índico agachada. Mas é em ti, confesso, que redescubro outros mistérios, o incansável serviço das redes vazias do que é natural e não tem preço. Como poderia? Se em ti eu sofro todas as manhãs com o mesmo sol nos olhos e vagarosamente, percorro-te os panos do corpo, desarmo-te todas as armadilhas dos anzóis e afasto as algas da concha, porque só assim limpa e pura apeteces no poema:

vem da tua praia
o cardume de beijos
esfumados.

---

13 urni: instrumento musical de corda (Oriente).
14 saris: traje típico das mulheres indianas, constituído por uma peça de tecido comprida que é enrolada à volta do corpo.

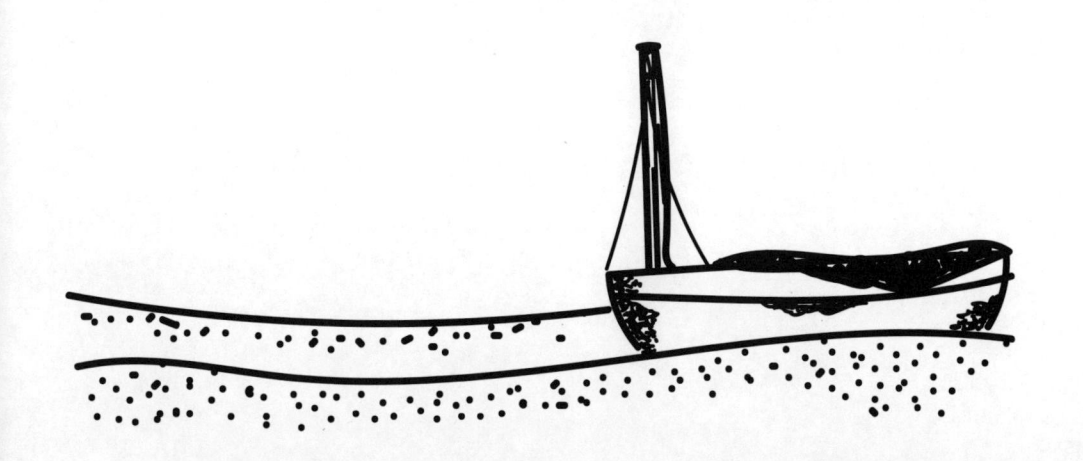

3. O barco encalhado

Homenagem a Campos Oliveira,
voz primeira.
E
ao A. B. Marques que me
sugeriu o título.

O Barco Encalhado

Aterra a saudade sobre o meu terraço.
Aço azul do céu. Seta certa perto do peito.
Emakhuwa[15] é como onda no asfalto.
Lembra-nos a casa, a cana, o caniço
ou bambu. Nosso barco encalhado com terra,
transportando marítimo o silêncio da Ponta da Ilha
(tufo mudo na cicatriz da tarde).
Onde em Maputo porque circuncisos garotos somos
nossas garotas o rosto de m'siro maquilham?
A máscara? O cântico? A corda? A capulana na praça?
Ó, mofina de todos os dias com o mar perto!
Resgatasse o Índico o que do oriente com o tempo soube sufragar.
Os barcos todos com as velas hirtas e as gentes.
Suas as pérolas mais os rubis. O aljôfar. Luzindo no ar.
Minha fracturada chávena árabe-persa na cal
ou resplandecente a missanga cravada no ventre d'água,
qual sinal dos que de além mar chegaram
e partiram com baús fartos...
Fobia dos que ficamos. Mas herdeiros.

---

15 Emakhuwa, makhua, macua: língua bantu falada na região norte de Moçambique.

Esboço de um itinerário para uma navegação nos barcos de Sangare Okapi*

LUCÍLIO MANJATE
Escritor e professor de Literatura na Faculdade de Letras e Ciências Sociais da
Universidade Eduardo Mondlane, em Maputo, Moçambique

A língua
é o pão que fermento
os dias todos

Com ela (re)invento,
meço outros ângulos
      do sentimento (Língua: ilha ou corpo?)
[...]

"Língua: ilha ou corpo?" (OKAPI, p. 32.)

Curiosamente, *Mesmos barcos ou poemas de revisitação do corpo* é o primeiro livro escrito por Sangare Okapi, mas o segundo a ser publicado, depois do *Inventário de angústias ou Apoteose do nada*, Prémio Revelação de Poesia AEMO/ICA (2004)[1]. Entretanto, em 2002, *Mesmos barcos...* recebeu a Menção Honrosa do Prémio Revelação Rui de Noronha/FUNDAC[2], prenúncio da viagem que encetariam mais tarde quer com a publicação do livro pela AEMO, quer com esta, da editora Kapulana. Que bússola, então, me ocorre sugerir para as navegações a que Sangare nos convida?

Mesmos barcos... pode ser lido sob o signo da intertextualidade, tal sugere o facto de os barcos serem os mesmos ou de a língua ser o pão que por todos se multiplica nessa metáfora da partilha a tecer afectos entre gentes de espaços e tempos equi-

---

* Apresentação de *Mesmos barcos ou poemas de revisitação do corpo*, de Sangare Okapi: 2007 (AEMO – Associação dos Escritores Moçambicanos), publicada no suplemento "Cultura" do Jornal Notícias, Maputo, em 19 de dezembro de 2007. Revista pelo autor Lucílio Manjate, em fevereiro de 2017, para a Editora Kapulana.

distantes, mas cuja memória (do corpo...) é, através da língua e suas virtualidades poéticas, atemporalmente celebrada.

Se com Julia Kristeva aprendemos que toda a obra é ressonância de outra que a antecede, pode parecer desnecessário afirmar que *Mesmos barcos...* se presta à leitura sob o signo da intertextualidade. Considero significativo, entretanto, o facto de a relação entre textos ser reiterada ao longo da obra, quase beirando o tom da confissão, o que parece corroborar a ideia de que a construção dos barcos de Sangare se serve dos materiais de outros barcos. Há que destacar nessa engenharia, entretanto, que os barcos não têm de ser irremediavelmente os mesmos, mas necessariamente outros, os do poeta que *re*visita o corpo e assim escapa ao fatalismo de uma mimese atávica. Julgo que o título do livro, portanto, indicia uma propensão para a ironia, que, ao longo da leitura dos textos, acaba por naufragar na corrente de afectos que à partida a sua poesia evoca.

Como navegação intertextual, a obra é uma revisitação e, ao mesmo tempo, afirmação do corpo da Ilha de Moçambique. É a metáfora de um processo de (re)construção de memórias já desencadeado por outros poetas. E nesse processo a Ilha nos surge como corpo de convergência de gentes e de culturas, mas também cenário de buscas, perdas e *reformações* identitárias. Um corpo marcado de afectos e desafectos, portanto. Efectivamente, a leitura de um poema como "T. Amizade [Travessa da Amizade]", de Sangare, lembra, por exemplo, a referência que Rui Knopfli faz à Travessa da Amizade no poema "Ilha Dourada" e que Okapi recupera. Entretanto, se em Knopfli a descrição da ilha é já marcada pela solidão e angústia, a ponto de vermos a ilha relegada ao esquecimento, em Sangare, por sinal poeta de angústias, o esquecimento tem a mancha gráfica de um precipício inevitável (que as incursões à poesia visual por parte do poeta possibilitam) e torna, enfim, a ilha, não simplesmente esquecida, mas agrilhoada no tempo.

Não seriam, portanto, despropositadas as revisitações de Sangare. Ao longo dos textos, somos levados a passear por espaços simbólicos que muito têm a dizer-nos sobre o passado. São os casos de títulos como "Fortaleza" e "São Paulo", este último a recordar-nos, uma vez mais, o tédio e a solidão que a descrição mítica da ruína do palácio de São Paulo, no poema "S. Paulo", de Knopfli, propicia. Ana Mafalda Leite dirá que o gesto de apropriação do legado literário anterior é um traço característico da poesia moçambicana, que tende a estabelecer redes de referências através de títulos, epígrafes, dedicatórias, citações de versos, criando, deste modo, um diálogo, em teia ressoante, malha de ecos que se respondem ou interrogam numa tessitura complexa[3]. Com efeito, em *Mesmos barcos...*, os títulos acabam funcionando como palavras-temas através das quais o poeta inscreve o macro-tema da memória. Por conseguinte, a leitura da obra exige uma atenção especial à mancha gráfica dos textos. A mancha gráfica alarga, na verdade, o próprio conceito de texto, uma vez que a leitura fica, às vezes, condicionada ao conhecimento das vozes poéticas que escreveram sobre a Ilha. São vozes que nos ressoam não apenas nos títulos (que nos remetem a outros títulos), mas também nas dedicatórias e nas citações de versos que o poeta faz. A ignorância destes, diríamos, protocolos, pode tornar hermético um texto como "Fortaleza", dedicado a Glória de Sant'Anna. De facto, neste texto, a descrição dos silêncios da Fortaleza poderá ganhar em significado se se considerar que, no texto "Ilha de Moçambique", de Glória de Sant'Anna, há a descrição de uma ilha "vigorosa", e que, no texto "Ilha Dourada", de Knopfli, a ilha é, metonimicamente, descrita exânime, "moribunda". De vigorosa a moribunda, em Sangare Okapi, a ilha é o espectro da solidão. Diríamos, neste sentido, com Laurent Jenny, que Sangare participa de um processo de reescrita crítica[4]. Ou seja, subjazem nestas revisitações motivações de natureza afectiva, ideológica e até pragmática em relação, por um lado, à Ilha de Moçambique e, por outro, aos poetas que a imortalizaram.

Creio que Sangare Okapi, um dos representativos poetas da nova geração de poetas moçambicanos, ao recuperar os significantes do corpo da ilha, dá-lhes outro significado. O poeta assume-se herdeiro desse espaço simbólico, da sua história e da sua poesia, mas, nessa apropriação, revela-se reflexivo. Na representação dos afectos e das memórias subjaz o tom irónico perceptível, creio, sobretudo na relação com outros poetas que cantaram a ilha e participaram, como agora o Sangare, desse processo de identificação em que a literatura moçambicana se inscreve.

Notas:
1 Associação dos Escritores Moçambicanos (AEMO)/Instituto Camões (ICA).
2 Fundo para o Desenvolvimento Artístico e Cultural (FUNDAC).
3 Cf. Leite, Ana Mafalda (2013), "Poéticas do imaginário elementar na poesia moçambicana, entre Mar... e Céu", in *Literaturas africanas e formulações pós-coloniais*. 2a. edição. Lisboa: Edições Colibri.
4 Cf. Jenny, Laurent (1979), "A estratégia da forma", in *"Poétique" revista de teoria e análise literária. Intertextualidades*. Coimbra: Livraria Almedina.

O autor

SANGARE OKAPI nasceu em Maputo, capital de Moçambique. Professor, formado em ensino de Língua Portuguesa, Sangare Okapi é autor de livros de poesia, com temáticas calcadas no "eu" e no erotismo. Em suas obras, aparecem referências a escritores moçambicanos e a literaturas de outras partes do mundo.

Em seu livro *Antologia inédita – outras vozes de Moçambique*, organizado com o escritor também moçambicano Lucílio Manjate, divulga escritores da nova geração moçambicana.

Obras

- *Inventário de angústias ou apoteose do nada.* Maputo: Associação dos Escritores Moçambicanos, 2005.
- *Mesmos barcos ou poemas de revisitação do corpo.* Maputo: Associação dos Escritores Moçambicanos, 2007.
- *Era uma vez...* Maputo: Associação dos Escritores Moçambicanos, 2009. (coautor)
- *Mafonematográfico também Círculo Abstracto.* Maputo: Alcance, 2011.
- *Antologia inédita – outras vozes de Moçambique.* Maputo: Alcance, 2014. (coorganizador)

Prêmios

- 2002 – Prémio Revelação Rui de Noronha/FUNDAC (Fundo para o Desenvolvimento Artístico e Cultural).
- 2004 – Prémio Revelação de Poesia AEMO/ICA (Associação dos Escritores Moçambicanos / Instituto Camões).
- 2008 – Menção Honrosa no Prémio Nacional José Craveirinha de Literatura.

Nota sobre a grafia da edição brasileira de
Mesmos barcos ou poemas de revisitação do corpo, **de Sangare Okapi.**

Como forma de não interferir na expressão poética do autor, a editora optou por respeitar a grafia original dos seguintes termos: abstracto, acções, afecto, connosco, fracturada, insurrectas, nocturna, objectos, projecta, tecto, trajecto.

Segundo o Acordo Ortográfico da Língua Portuguesa de 1990, os termos seriam grafados como segue: abstrato, ações, afeto, conosco, fraturada, insurretas , noturna, objetos, projeta, teto, trajeto.

fontes	Cabin (Impallari Type)
	Aganè (Danilo de Marco)
papel	Avena 80 g/m²
impressão	Prol Gráfica